AF227445

Comte Louis DE FLEURY

LES

TUMULI DU CAUCASE

FOUILLÉS PAR M. LE PROFESSEUR SAMOKWASSOFF

ET

LEUR RAPPORT AVEC CEUX DU DÉPARTEMENT DE LA CHARENTE

A ANGOULÊME

CHEZ L. COQUEMARD

Libraire de la Société archéologique et historique de la Charente

RUE DU MARCHÉ, N° 9

M DCCC XCIV

LES
TUMULI DU CAUCASE

FOUILLÉS PAR M. LE PROFESSEUR SAMOKWASSOFF

ET LEUR RAPPORT AVEC CEUX DU DÉPARTEMENT DE LA CHARENTE

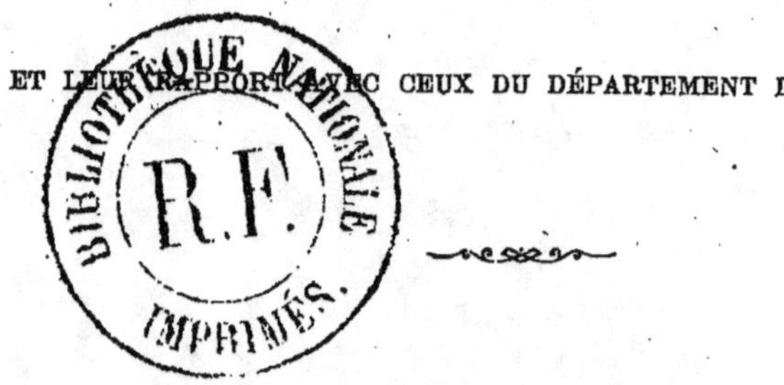

MESSIEURS ET TRÈS CHERS COLLÈGUES,

L'ARCHÉOLOGUE, exposé à s'égarer à chaque instant dans les cantons si mal éclairés du passé, a tout intérêt à élargir le cercle de ses recherches et à faire le plus grand nombre possible de comparaisons. Pour cette raison, nous porterons utilement nos regards vers ces montagnes du Caucase, berceau présumé ou tout au moins défilé d'arrivée de nos races européennes. Nous pensons donc que vous voudrez bien, Messieurs, accorder quelques minutes d'attention aux détails qui vont suivre.

M. Samokwassoff, professeur de droit à l'Université de Varsovie, délégué au Congrès de Tiflis en 1881, a fouillé, dans le district de Piatygorsk, en 1881 et 1882, plusieurs centaines de tumuli et d'autres sépultures antiques, et son rapport a été publié en russe, avec cinq planches lithographiées, dans les Bulletins du Congrès.

Il classe les sépultures fouillées en trois types :

I. — PREMIER TYPE (LE PLUS ANCIEN).

Grands tumuli à larges bases, de 140 à 350 mètres de circonférence, parfois hauts de 15 mètres, isolés ou groupés par deux et par trois. Ils n'ont point été élevés en une seule fois pour un seul mort, mais successivement pour des titulaires successifs, et leur grandeur dépend généralement du nombre des sépultures qu'ils renferment. Pour le premier décédé, on creusait dans le sol et au besoin dans le roc une fosse peu profonde dans laquelle on plaçait le cadavre, puis on la couvrait de dalles de pierre sur lesquelles on entassait de la pierraille et le cône de terre final. Au second mort, on construisait latéralement un tertre pareil, puis on surmontait les deux tumuli accouplés d'une pyramide de terre commune. Ainsi de suite pour les morts suivants, que l'on établissait toujours latéralement, jusqu'à ce que l'on fût arrivé à une certaine hauteur. Alors on inhumait les derniers venus dans le tertre lui-même, en élevant toujours plus haut la pointe de la pyramide commune. On comprend, dès lors, pourquoi ce genre de tumulus n'a pas toujours la forme conique normale et pourquoi l'on y remarque des gibbosités.

Si vous voulez bien observer, Messieurs, que certains tumuli de la Charente ont une forme allongée, et qu'on a rencontré le dolmen à l'une des extrémités, peut-être sera-t-il utile d'examiner, après avoir noté les particularités décrites plus haut, si nos tumuli n'ont pas contenu plusieurs centres de sépultures. Nous n'avons vu qu'à distance, des fenêtres d'un wagon, la motte Tuffau, près de Chef-Boutonne, et nous l'avons prise de loin pour une fortification; mais si elle est terminée par un cône de terre bien accusé, au lieu de former un retranchement annulaire, elle pourrait fort bien constituer une tombe à étages, comme celles dont parle M. Samokwassoff.

Poursuivons. Notre auteur, ayant fouillé cinq tumuli près de Kyslowodsk, dans les environs duquel on observe une vingtaine de ces grands tertres, a rencontré partout des sépultures multiples, trois au minimum, quatorze au maximum. L'arrangement intérieur des tombes différait non-seulement d'un kourgane à l'autre (c'est ainsi qu'on nomme en Russie les tertres funèbres), mais dans un même tumulus. Les plus simples présentaient une fosse quadrangulaire creusée dans le sol ou dans le roc, longue de 2^m 10, large de 0^m 70 à 0^m 90, couverte de dalles de pierre et par-dessus d'une couche de cailloux de 0^m 70 environ. D'autres fosses avaient leurs parois murées en petites pierres plates sans ciment; d'autres, enfin, se composaient de caisses en grandes pierres plates posées de champ et ayant jusqu'à 2 mètres et plus de longueur, sur 1 mètre et plus de hauteur.

Un seul squelette fut retiré intact. Les os étaient, en général, dans un tel état de décomposition, qu'après l'enlèvement des couvercles, ils tombaient promptement en poussière et qu'il était impossible d'en rien recueillir. L'orientation n'avait rien de fixe. Dans un même tertre, certains morts avaient la tête au levant, d'autres au couchant, au nord, au midi; mais partout la position du mort était identique. Ils étaient couchés sur le dos, regardant le ciel, les bras allongés le long du corps, les jambes étendues.

La plupart des sépultures ne renfermaient que le squelette. Dans dix-neuf d'entre elles on trouva, en outre, les objets suivants :

Sept petits pots d'argile, ornementés de traits et de trous, trois avec des anses; dix-huit perles de bronze, une pendeloque ronde de bronze, gravée, avec une boucle; douze anneaux non fermés, en bronze, en forme de serpents; une pointe de flèche à quatre pans, en bronze, avec un long pédoncule; trois pointes de flèches à trois pans; deux pommeaux de bâtons en bronze, longs d'environ 50 centimètres, portant au sommet de grandes plaques ornées de lignes courbes pointillées, se coupant dans toutes les directions; un marteau muni d'un trou, long d'environ 18 centimètres, en corne de cerf du Nord, selon M. Wirschoff, trouvé dans une sépulture inférieure, auprès d'un jeune squelette assez bien conservé pour qu'on ait pu le recueillir; trois pierres à aiguiser, en obsidienne, une petite hache de pierre avec un trou, un marteau en néphrite d'un beau poli, deux pierres plates rondes polies, extrêmement dures (porphyrite), ayant servi, sans doute, à finir les ustensiles en pierre. Dans beaucoup de sépultures, morceaux d'une couleur semblable à de l'ocre. Joignons à cette liste les objets suivants, trouvés par diverses personnes dans les kourganes dévastés de Kyslowodsk : un ciseau de bronze; un poignard de bronze, avec la poignée brisée; un marteau-hache en néphrite, admirablement poli, à pans, avec un trou; une pendeloque de bronze représentant un quadrupède; deux têtes de flèches en bronze, à trois pans; un poinçon de bronze.

Aucune de ces sépultures n'a fourni un seul morceau de fer. Les objets en bronze se trouvaient dans les tombes des étages supérieurs, les objets en pierre dans celles qui reposaient sur le sol.

Les fouilles de Kyslowodsk suggèrent encore à M. Samokwassoff les observations suivantes :

Dans le plus grand des tumuli, celui qui renfermait quatorze sépultures, nous remarquâmes, en enlevant la terre qui formait le cône de couronnement, qu'on trouvait mélangés avec cette terre, outre des os d'animaux divers brisés et fendus, de nombreux ossements humains sur lesquels on discernait des égratignures et des traces de coups d'un instrument tranchant. Dans une tombe de pierre du même kourgane, le squelette était assez bien conservé pour qu'on vît tous les os dans leurs jointures ; or, outre les deux bras de ce squelette, on découvrit à ses pieds un troisième bras humain et un os de mouton, placés tout contre un petit pot qui se trouvait là. Dans une autre sépulture du même kourgane, on put voir le squelette, dont le crâne, les extrémités et tous les gros os étaient en place ; or, à ses pieds, rassemblés en tas, étaient un deuxième crâne, une jambe et un os du bassin d'un individu dont les autres os étaient absents ; sur le crâne se voyait la trace d'un coup donné, pendant la vie, avec un instrument aigu. Dans une troisième sépulture du même kourgane, auprès d'un pot placé à côté du mort, on trouva une dent de cheval et un fragment de tibia surnuméraire. Dans une quatrième, un os du bassin, également importé. Enfin, dans un autre tumulus fouillé sous la direction du professeur Wiskowatoff, on recueillit aussi dans la terre des fragments d'os humains, et à côté de la sépulture, posé sur une dalle de pierre distincte, un crâne humain.

Ces faits réunis, ajoute M. le professeur Samokwassoff, ont amené chez moi, chez M. le professeur Wiskowatoff et chez toutes les personnes présentes, la conviction que le peuple enterré sous ces grands tumuli était anthropophage.

II. — DEUXIÈME TYPE.

Pas de tumulus ni aucun autre signe extérieur. Nécropoles établies sur des collines. Sous le gazon, à une profondeur qui varie de 0ᵐ 25 à 0ᵐ 50, on trouve une fosse carrée pleine de cailloux, de 1ᵐ 40 à 2 mètres de côté. Au centre de cette aire est creusé un trou également carré, profond de 0ᵐ 70 à 1ᵐ 40, dont les parois et le fond sont garnis de petites pierres. Dans les six nécropoles fouillées par M. Samokwassoff, une seule des sépultures, masculine, était couverte d'une large pierre plate, longue de 1ᵐ 60, large de 1ᵐ 40. Dans deux fosses, le fond était garni d'argile battue. En général, chaque tombe ne contenait qu'un squelette; dans l'une il s'en est trouvé deux, dans une autre trois. Partout les morts étaient placés dans la même posture : assis à l'orientale, le tronc et la tête un peu penchés en arrière, les bras croisés sur les cuisses, de manière à ce que le poignet droit se trouvât sur la cuisse gauche et réciproquement, les jambes repliées sous le corps.

M. Samokwassoff nous donne la description d'une des tombes :

La nécropole que je fouillais, dit-il, avait été entièrement bouleversée par les chercheurs de pierres. En sept jours de travail, je n'ai rencontré que trois sépultures intactes, semblables à celles de toutes les autres nécropoles du deuxième type. D'abord une couche de cailloux dans une fosse carrée de 2ᵐ 70 environ de côté, profonde de 1 mètre. Le squelette était assis sur la couche de petites pierres qui garnissait le fond, le dos à l'occident, assis à la turque, comme nous l'avons dit. A ses pieds reposaient deux grands vases de terre; à ses côtés une épée de fer, deux lances, un petit couteau, deux silex, cent têtes de flèches en bronze et une en fer, un bracelet de bronze, deux objets également en bronze, en forme d'entonnoir, et une pierre à aiguiser percée.

Dans des sépultures pareilles on trouva encore deux vases d'argile, trois bracelets en bronze, deux petits os de signification inconnue, deux pointes de flèches en os et deux en fer, et les restes de deux poignards ou de deux lances rongés par la rouille. Parmi les tombes que les chercheurs de pierres avaient bouleversées pour paver un chemin, on trouva encore deux fragments de miroirs en bronze, deux bracelets entiers, de même métal, deux autres brisés, un anneau de bronze, diverses perles, quatre têtes de flèches en bronze, des fragments de couteaux, de lances, de poignards, et des tessons de vases de terre cuite.

Auprès de chaque nécropole avait existé un village dont les traces étaient faciles à relever. Auprès de celle de Bereg, ce village était défendu d'un côté par un large fossé, et de l'autre par des escarpements naturels. Une couche de terre pourrie, profonde de près de trois mètres, renfermait une quantité d'os brisés de chevaux et d'animaux sauvages, de charbon, de cendres, de poteries ornées de divers dessins. Le sommet même du plateau qui porte la nécropole du grand kourgane est occupé par un retranchement en terre en tout semblable aux horoditsche, retranchements antiques en terre qu'on rencontre dans l'intérieur de la Russie (ajoutons et dans tout le bassin de la Vistule. L. de F.). Il a environ 213 mètres de circonférence. Les remparts et les fossés sont parfaitement visibles, et le tout offre absolument l'aspect d'un horoditsche. J'ai creusé là, dit M. Samokwassoff, jusqu'au rocher, cinq trous d'essai d'une profondeur de 0^{m}70 à 2 mètres. J'ai rencontré partout, sous le gazon, une couche de décombres, de détritus végétaux, de charbon, de cendres, d'os brisés, de tessons de poterie d'argile, une dent percée d'un animal carnassier, deux têtes de flèches en bronze, un anneau et une épingle de même métal; tous ces objets absolument semblables à ceux que j'avais retirés des sépultures du deuxième type. Cette motte représentait évidemment la forteresse du village dont la nécropole recevait les morts.

On ne saurait trop regretter que M. Samokwassoff n'ait pas donné le dessin des poteries, ce qui nous aurait permis de les comparer avec les poteries si caractéristiques des retranchements du bassin de la Vistule. Il y a là une étude à faire et, selon nous, des conclusions importantes à tirer; bien plus, il est indispensable d'étendre la comparaison à certains camps que l'on trouve en France et aux poteries qu'ils contiennent. Nous espérons pouvoir fournir avant longtemps, sur ce sujet, une étude à laquelle nous travaillons depuis des années et qui va s'élargissant toujours sous nos mains

III. — TROISIÈME TYPE (LE PLUS MODERNE).

Ici, nous retrouvons encore les tumuli, mais petits et en groupes nombreux; certains champs des morts en rassemblent jusqu'à deux cents. Ils n'ont qu'une circonférence de 14 à 35 mètres, sur une hauteur de 70 centimètres à 2^m 80; aucune tradition qui les concerne ne s'est conservée, ni parmi les Russes, ni chez les Allemands, ni chez les Tartares, et tous étaient également surpris qu'on y découvrît des tombeaux.

Dans les environs du lac de Nicolajewsk, M. Samokwassoff fouilla cent cinq de ces monticules, qui se montrèrent avoir appartenu à une même époque historique et à une même peuplade. Les tertres, en terre noire, recouvraient des cercueils de planches assemblées avec des chevilles de bois ou de gros clous en fer, à couvercle plat ou légèrement bombé. En général, la caisse était placée sans excavation sur le sol; cependant, dans seize cas, elle reposait dans une excavation peu profonde, de 30 centimètres à 70. Souvent elle était posée sur un madrier ou sur une grosse planche. Dans quelques tombes, ordinairement féminines, le cercueil était entouré de gros pavés. Six tombes d'hommes nous ont offert, au lieu de cercueils, de gros troncs d'arbres creusés, recouverts de poutres. La longueur de la caisse répondait en général à celle du corps, mais celles des femmes, dans les tombes riches, étaient beaucoup plus longues, plusieurs pouces étant réservés à la coiffure. Dans quelques cas, par-dessus le cercueil, un plancher de madriers formait une voûte. Partout les squelettes occupaient la même position : couchés sur le dos, la tête à l'occident, la face au ciel, les jambes allongées, les bras étendus le long du corps, de sorte que les poignets étaient placés plus bas que les os du bassin. Parfois le corps avait été enduit avec de l'argile jaune du lac ou couvert de petites pierres, de terre ou de charbon ; à la tête et aux pieds, dans l'intérieur du cercueil, se trouvaient deux pierres plates posées de champ, et dans deux sépultures de femmes, au lieu de ces pierres, de petites planches pentagonales. Dans la moitié des cercueils, on a recueilli de nombreux objets qui aidaient à distinguer aisément les tombes masculines des féminines. En voici la liste :

Dans les tombes d'hommes :

Six sabres de fer, aiguisés par le bout à la manière d'une baïonnette, avec des restes de poignées en bois, entourées d'écorce de bouleau et ferrées ; cent quarante-cinq têtes de flèches en fer, de forme et de grandeur variées, parmi lesquelles cinq exemplaires à double pointe ; les restes de sept carquois en bois, garnis d'écorce de bouleau, ornés d'anneaux en fer, de boucles et de diverses plaques ; les restes d'arcs en bois avec les bouts en fer ; trente couteaux en fer, de diverses formes ; trente briquets en fer, de diverses formes et grandeurs, avec leurs silex ; quatre bagues en fer et cinq en bronze ; restes d'étoffes d'habillement et restes de cuir de bottes; différentes pendeloques allongées, en argent, pareilles à celles dont on se sert encore au Caucase; boutons d'argent et de bronze, boucles, plaques de diverses formes et grandeurs.

Dans les tombes de femmes :

Douze ornements de tête identiques, chacun composé d'une sorte de trompe d'argent, de plusieurs pouces de longueur, portant vers le haut, enfilée, une feuille de laurier en argent; la trompe finit en gland aigu et est attachée à un entonnoir cousu lui-même à un drap d'or ou d'argent; restes de brocart des coiffures ; deux boucles d'oreilles d'argent, forme d'entonnoir; neuf pendeloques d'or et cinq d'argent, en forme de petites feuilles recourbées, à longs pédoncules ; dix-sept boucles d'oreilles, d'argent et de bronze, plates et gravées, à bouts non soudés ; perles de cornaline, verre et argile; dix pendeloques d'argent, de formes diverses, boutons d'argent, boucles et plaques de diverses grandeurs, huit fermoirs d'argent, deux crochets en bois, quinze bagues en argent, avec des pierres et verres de diverses couleurs; un nécessaire en argent, pendant à une longue chaînette du même métal, avec quatre pendeloques d'argent; autre nécessaire sans chaîne ni pendeloques, avec un reste de cordon en soie; sachets de cuir et de diverses matières, brodés en or, en argent et en soie, dans lesquels on conservait des peignes en os, des poinçons et autres objets; restes d'étoffes en toile, en drap et en soie, provenant des vêtements; restes de chaussures en cuir, avec une plaque d'argent gravée; enfin, onze paires de ciseaux en fer, de diverses formes et grandeurs, pareils à ceux qu'on emploie aujourd'hui pour la tonte des moutons

A cinq verstes de Kyslowodsk, en face du lieu dit Tretia-Balka, M. Samokwassoff rencontra un groupe de sépultures appartenant aussi à l'âge du fer, mais présentant de notables différences dans l'arrangement des tombes. Outre soixante kourganes pareils à ceux qui viennent d'être décrits, il y avait seize coffres de pierre enterrés, formés de dalles calcaires épaisses de quelques pouces, longues et larges d'un mètre au moins, recouvertes de dalles semblables. Ayant fouillé six des tertres et onze tombes coffres, on trouva partout des cercueils de bois et les squelettes orientés et couchés comme ci-dessus. Dans les kourganes, on recueillit quatre petits couteaux en fer, de petites boucles en bronze et des ciseaux en fer; dans les coffres, deux sabres de fer, six petits couteaux, deux pierres à aiguiser, deux briquets, quatre pointes de flèches, les restes de deux carquois, une agrafe en argent, une petite agrafe en or, cinq breloques d'argent, de ceintures, un objet en verre, cinq petites agrafes en argent, d'un dessin original, cinq anneaux, une perle en cornaline, une en ambre et deux en verre, deux bagues avec des verroteries bleues, deux larges bracelets en argent, ornés de gravures, et une paire de ciseaux tels qu'on les emploie aujourd'hui à tondre les moutons.

———

Les trois types de sépultures étudiés et caractérisés par M. Samokwassoff viennent donc de passer successivement sous nos yeux, et nous pourrions clore ce travail; mais il nous faut parler encore d'un grand tumulus que le même archéologue a fouillé à un deuxième voyage, en 1882, et qui rassemblait en lui, selon notre auteur, les trois types réunis. C'était un énorme tertre, ayant environ 213 mètres de circonférence et 12 mètres de hauteur. Laissons la parole au savant russe :

J'attaquai, dit-il, le grand kourgane d'Ostragora par une coupure profonde de 5 mètres sur le sommet. Sur cette tranchée, on établit un puits de 14 mètres de diamètre, qu'on approfondit jusqu'à moitié de la hauteur du tumulus. En outre, on creusa huit fosses d'essai sur les flancs du kourgane, et sur le flanc septentrional une tranchée large de 7 mètres.

Le résultat démontra que le tumulus était double, formé de deux tertres entassés l'un au-dessus de l'autre à deux époques différentes. Le tertre primitif, inférieur, avait été recouvert tout entier d'une couche d'argile jaune soigneusement battue, qui avait au sommet une épaisseur de 1^m 40 et allait en s'amincissant sur les bords. Ce tertre inférieur, ainsi protégé par sa carapace d'argile et haut d'environ 7 mètres, était formé de terre noire extrêmement compacte. Le tertre superposé avait une hauteur de 5 mètres passés et était également formé de terre noire moins compacte.

Sous le tertre supérieur, nous trouvâmes deux sépultures ; sous l'inférieur, deux également. En outre, nous rencontrâmes quatre sépultures superficielles postérieurement ajoutées. Total : huit.

Trois de ces tombes additionnelles étaient placées dans la partie culminante du tumulus ; par leur arrangement et leur contenu, elles appartenaient au troisième type, tel que nous l'avons décrit. Mêmes cercueils, même position du squelette, mobilier funéraire équivalent, des pointes de flèches en fer, briquet de fer avec son silex, couteau de fer, ciseaux de même, anneaux et perles d'argent. La quatrième sépulture additionnelle trouvée dans la tranchée du flanc nord, à 2^m 80 de la superficie générale, renfermait un squelette très décomposé, couché sur le dos, la tête à l'orient, les bras étendus le long du corps ; pas de traces de cercueil ; à ses pieds, deux vases d'argile, un pot de terre et un plat. Dans ce plat, les restes d'un squelette entier de mouton et un petit couteau de fer courbé ; près des vases, la mâchoire inférieure et la jambe d'un chameau; au poignet gauche, un petit coûteau de fer droit et une pointe de flèche en fer.

Cette dernière tombe diffère donc de celles du deuxième type par l'arrangement, et de celles du troisième par les vases alimentaires et les os d'animaux qu'elle contenait et qui ne se rencontrent jamais dans les sépultures vieilles-kabardiennes à petit tumulus. M. Samokwassoff ne croit pas possible d'assigner une date précise à cette variété.

Passons aux sépultures placées sous le tertre supérieur. Elles présentaient deux excavations carrées, éloignées l'une de l'autre de $2^m 40$, ayant chacune à peu près $1^m 70$ de côté, creusées dans l'argile jaune qui revêtait le tertre inférieur. Au fond de ces fosses, garnies de pierraille, on trouva des traces de squelettes fort décomposés dont il fut impossible de déterminer la position primordiale, des flèches de cuivre à trois pans, des fragments de plaques de bronze et d'or, un anneau de fil d'or, de petites perles de bronze et d'argile, des mors de bride en fer, une sorte de cuiller de fer, un couteau de fer et un vase de terre.

Les deux sépultures du tertre primitif inférieur étaient placées au ras du sol, à la distance de $8^m 50$ l'une de l'autre. La première était située au midi, à $9^m 20$ de la superficie générale et à $3^m 50$ au-dessous de la couche d'argile dont nous avons parlé. Elle présentait en dessus un carré long de $5^m 50$ sur $3^m 50$, bordé, couvert et pavé de dalles de pierre. Sous deux rangs de ces dalles, posées à plat l'une sur l'autre, on trouva un squelette d'homme très décomposé et écrasé par les pierres, la tête à l'orient, et auprès de lui une plaque de pierre trapézoïdale, un éclat d'obsidienne et un silex. Le squelette reposait sur une couche d'argile jaune soigneusement battue, mêlée de pierre pilée menu. Sous ce lit d'argile, épais d'environ 35 centimètres, on trouva une seconde couche épaisse de pierres sous lesquelles gisait un deuxième squelette parfaitement bien conservé, couché sur le dos, la tête à l'orient, la face en l'air, les bras étendus le long du corps ; tous les os étaient enduits d'une couleur rouge éclatante. Derrière le crâne, on découvrit un vase de terre cuite écrasé, un marteau en os avec un trou, deux silex, une jambe d'homme et quelques coquilles.

La deuxième tombe, au nord, avait sa superficie à une profondeur de 9ᵐ 90 du sommet du grand tumulus et à 4ᵐ 20 au-dessous de la couche d'argile. Elle présentait un quadrilatère long de 4ᵐ 20, large de 2ᵐ 80, rempli de pavés sous lesquels on découvrit deux sépultures superposées : celle de dessus étant formée d'un coffre de pierre dont les côtés étaient construits de cinq rangs de dalles posées à plat, le dessus fermé par de grandes et épaisses dalles, et le fond par des dalles semblables étroitement assemblées et servant de couvercle à la sépulture de dessous. Dans ce premier coffre, on trouva un paquet d'os pourris et décomposés, parmi lesquels on distinguait deux crânes de cheval, des extrémités du même animal et une dent d'homme. La sépulture de dessous était formée de quatre dalles, longues de 2ᵐ 80, larges de 85 centimètres, hautes de 80. Sur le fond de ce sépulcre gisait un squelette couché sur le dos, la tête à l'occident, face au ciel, membres allongés. Auprès de lui, un marteau-hache en néphrite, d'une très belle forme et merveilleusement poli, une lance de bronze, un dard de bronze, un ciseau de bronze, douze boutons ou perles plates percées en os, un collier de perles et de pendeloques de bronze de diverses formes et grandeurs, un petit anneau d'argent en forme de serpent, en mauvais état, non fermé, et deux gros vases d'argile en morceaux.

Nous reconnaissons donc dans le grand tumulus d'Ostragora, poursuit M. Samokwassoff, nos trois types d'ensevelissements successifs.

La population la plus ancienne a inhumé ses morts dans des coffres de pierre placés au ras du sol, sous un tertre de 7 mètres de hauteur, recouvert d'une carapace d'argile battue. Ces tombes, semblables à celles des grands tumuli de Kyslowodsk, sont caractérisées par l'absence complète du fer, par les ustensiles en os, pierre et cuivre, et par de grossières poteries d'argile.

Elles appartiennent à un peuple vivant sur le pied de la civilisation du bronze, au plus cinq ou six siècles avant Jésus-Christ, lorsque les peuples scytho-sarmates, occupant le versant septentrional du Caucase, apprirent, par l'entremise des colonies grecques voisines de la mer Caspienne, à connaître l'usage de l'argent et du fer. Au Ve siècle avant Jésus-Christ, les habitants des bords de la mer Caspienne, nous dit Hérodote, ne connaissaient encore ni l'extraction du fer, ni la manière de l'employer. Ils fabriquaient les armes avec le cuivre, et les ornements avec l'or.

Les fosses carrées du tertre superposé appartiennent incontestablement à un peuple vivant en pleine période du fer. C'est le deuxième type décrit plus haut. Grossière vaisselle d'argile, épées, poignards et lances de fer, reproduisant les formes de celles de bronze, et mêlés à d'autres objets qui se retrouvent dans les sépultures de la Russie méridionale, de l'époque vieille-sarmate, et qu'on peut attribuer aux premiers siècles qui ont précédé et qui ont suivi Jésus-Christ. A cette époque appartiennent les petites flèches à trois pans, en bronze et en fer, les miroirs en métal, les grosses topazes industrieusement taillées, les colliers d'ambre, de coquilles, la monnaie de Chypre, les perles verrucosées et bigarrées présentant le double exact de celles qu'on rencontre dans les tombes grecques et scythes de la Russie méridionale. M. Samokwassoff donne, dans la planche III, les objets trouvés dans une tombe féminine de ce type, dans le Tchesnok-Kurhan.

Enfin, le troisième type, le plus moderne, celui des petits tumuli, est reproduit dans les tombes additionnelles du grand kourgane d'Ostragora. Le professeur Antonowicz, qui en a fouillé une grande quantité dans diverses contrées du Caucase, lui donne le nom de Vieux-Kabardien. Il ne remonte pas plus haut que l'invasion en Europe des Tartares de la Horde-d'Or, qui, en se mêlant aux populations locales, ont donné naissance aux tribus nouvelles kabardiennes. Les planches IV et V reproduisent le mobilier de ce type. On a trouvé dans une tombe semblable une monnaie en argent de la Horde-d'Or, et dans deux autres des balles de plomb.

Je joins à ce mémoire les croquis des cinq planches publiées dans les comptes-rendus du Congrès.

Kempa, 30 novembre 1889.

L. de Fleury del'.

FORT DE WIZNA.

J. Styfi sculp'.

L. de Fleury del^t.

FORT DE TYKOCIN.

J. Styfi sculp^t.

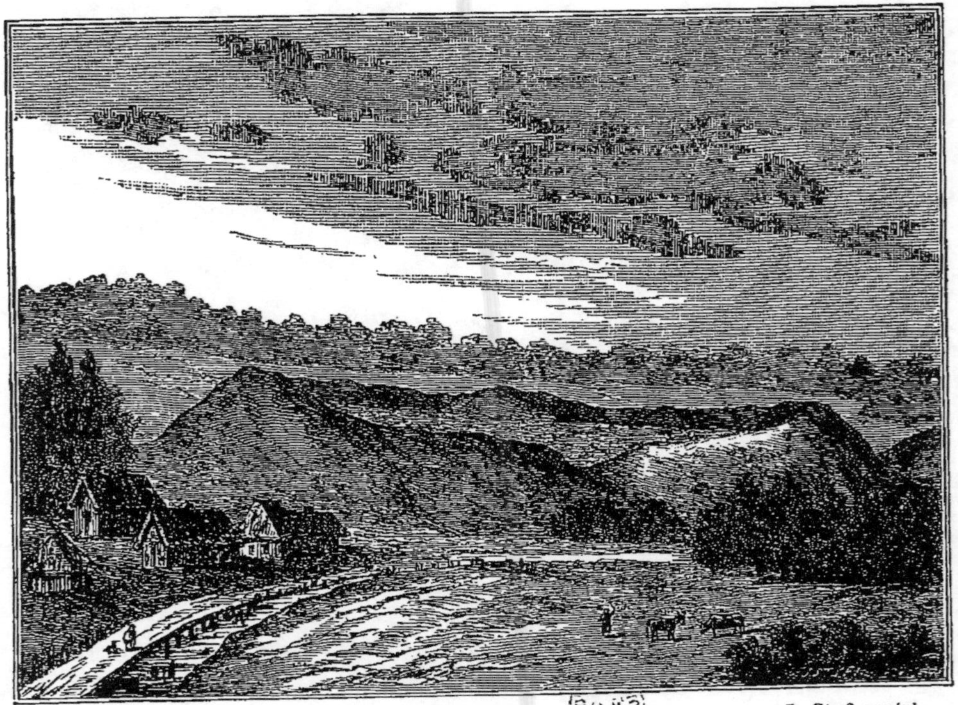

L. de Fleury del'.

FORT DE WNORY.

J. Styfi sculp'.

L. de Fleury del¹.

FORT DE SAMBORY.

J. Styfi sculp¹.

L. de Fleury del¹.

J. Styfi sculp¹.

GROUPE DE TUMULUS D'USNIK (Gouvernement de Lomza).